Carsten Klook

Tattoovorschläge für Headbanger und Bedhanger

Bibliografische Information der Deutschen Nationalbibliothek

Die Deutsche Nationalbibliothek verzeichnet diese Publikation in der Deutschen Nationalbibliografie; detaillierte bibliografische Daten sind im Internet über http://dnb.d-nb.de abrufbar.

Impressum

Tattoovorschläge für Headbanger und Bedhanger
Carsten Klook
2. Auflage 2021
© Klookbooks Hamburg

Herzlichen Dank an Betti Zieger (AusnahmeVerlag).

Alle Texte und Illustrationen © Carsten Klook

Layout & Satz: Ralf Wolf
www.autorenservice.net

Herstellung und Verlag:
BoD – Books on Demand, Norderstedt

ISBN 978-3-754317-24-2

Tattoovorschläge
für Headbanger und Bedhanger

von Carsten Klook

Klookbooks
2021

Tattoovorschläge
für Headbanger und Bedhanger

Aufgewachsen unter, über und neben Rockern (Hochhaus), sah ich sie schon im zarten Kindesalter: die Anker, Meerjungfrauen, Spinnweben und Kreuze* auf dicken, behaarten Ober-, Unter- und Nebenarmen. Tätowierte Tentakel waren schon in den 60ern keine Seltenheit. Tintenfisch-Rules okay? Auch an Rücken schockte die mit Haaren zugewachsene, überwucherte Haut durch so manches Bild, das allerdings kaum erkennbar war... dazu hätte man sich ja mal die Haare schneiden müssen. Die Häute wirkten eher wie verstaubte Teppiche.
Man war aber ohnehin schnell gelangweilt, da die Motive sich sehr ähnelten. Eine Pfeife im Mundwinkel Popeyes, auf einem nackten Oberfuß eingraviert, war da sicherlich schon die Ausnahme... und entlockte mir so manchen, falsch verstandenen Pfiff.
Um dieser Engführung durch die Motivwelt entgegenzuwirken, zeichnete ich Gegenvorschläge, die man sich auch tätowieren lassen kann.
Nicht selten zieren kurze Sätze, Schlagworte oder umständliche, ganze Absätze die Zeichnungen, die sich – zumindest mir – unter die seelische Haut brannten. Lag das allein schon an der Umgebung, in der ich all das sah...?

Spätere Begegnungen, zum Beispiel unter Künstlern, in Krankenhäusern, Kliniken und Betrieben, in Freundeskreisen und -quadraten sowie unter See- und Überseeleuten erweiterten die Impressionen... und den prekären Ausdruck.
Durchwachte Nächte vor Punk- und Girlie-Bands, vor Tapeten und Fernsehern stärkten meine Fluchttendenzen aus der von allerlei Übeln gezeichneten Welt der Übrig-Ichs und Egos hinein ins Imaginäre.

Wenn Euch also etwas nicht gefällt, macht eine Zeichnung und graviert sie Eurem übelsten Feind tief unter die Haut. Er wird es Euch nicht danken! Auch nicht am Morgen danach.

Carsten Klook

* Okay, es gab und gibt auch noch Messer mit Haaren dran, von Pfeilen durchbohrte Herzen, Ranken, Stacheldrähte, Blumen und Engel, Teufel und Drachen, Totenköpfe und Särge, auf- und untergehende Sonnen, Ornamente und Schiffe, Eimer, Pistolen, Granaten, U-Boote, Raketen und explodierende Pocken, Schwerter, Personalausweise, Schriftzüge in allen Sprachen und… Krankenscheine?

PS: „Mötley Crüe" ist kein Champagner. Und nicht nur der Name einer Soft-Hardrockband, sondern auch die alberne Bezeichnung für einen „zusammengewürfelten Haufen".

PPS: Diese Zeichnungen sind selbstironische Kritiken an der Kunstform „Zeichnung" überhaupt. Und künstlerisch weit wertvoller, als sie auf den ersten Blick wirken. Sie könnten auch im Museum für angewandte Philosophie hängen… (über dem WC?)

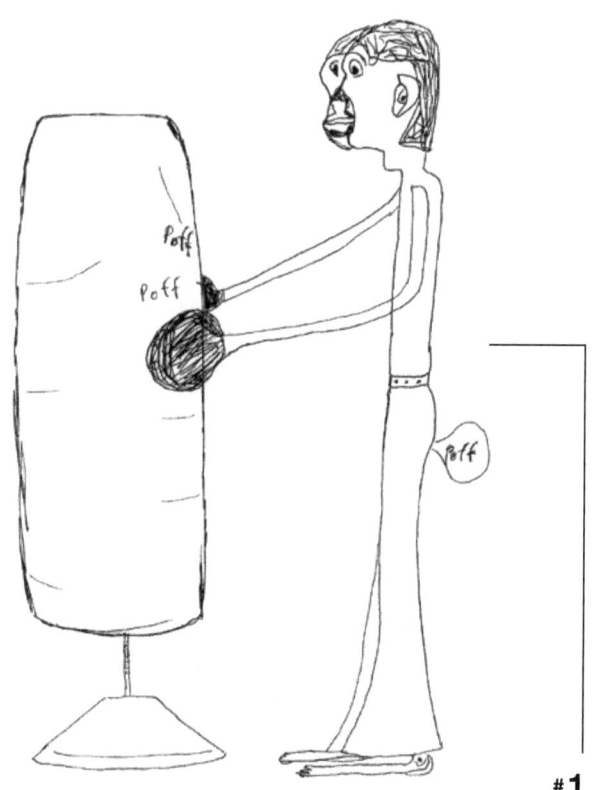

#1
Tattoo für
angehende Boxer

„Mein Vater ist Alkoholikerin"

#2
Für die Kinder der
Hausmeisterinnen
aus Bullerbü

#3
Für Werbeslogan-
Kritiker

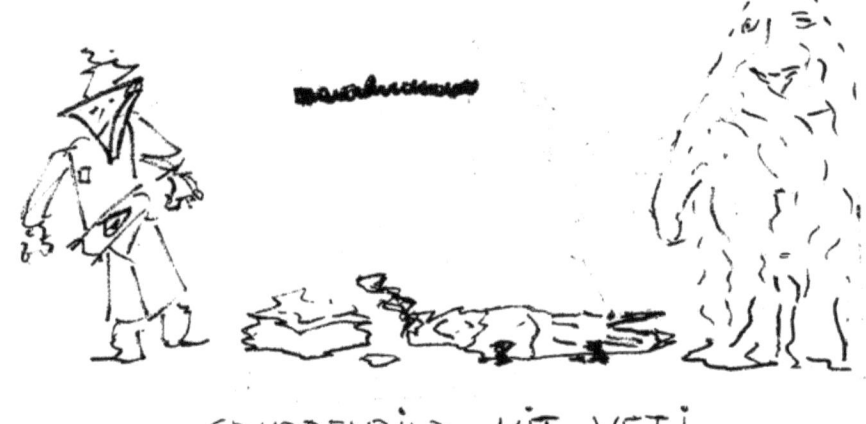

GRUPPENBILD MIT YETI

#4
**Für Böll-Leser
auf Abwegen**

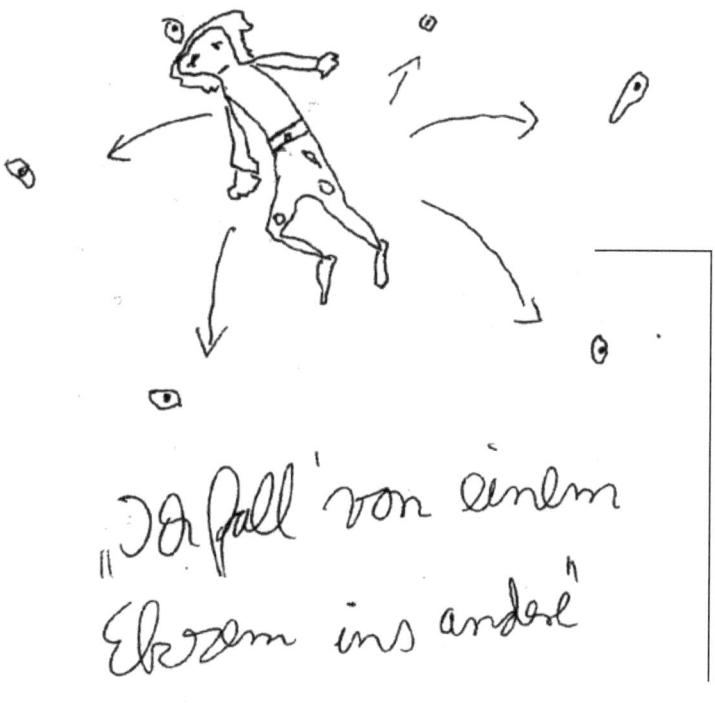

„Der fall von einem Ekzem ins andere"

#5
Für Hautkranke

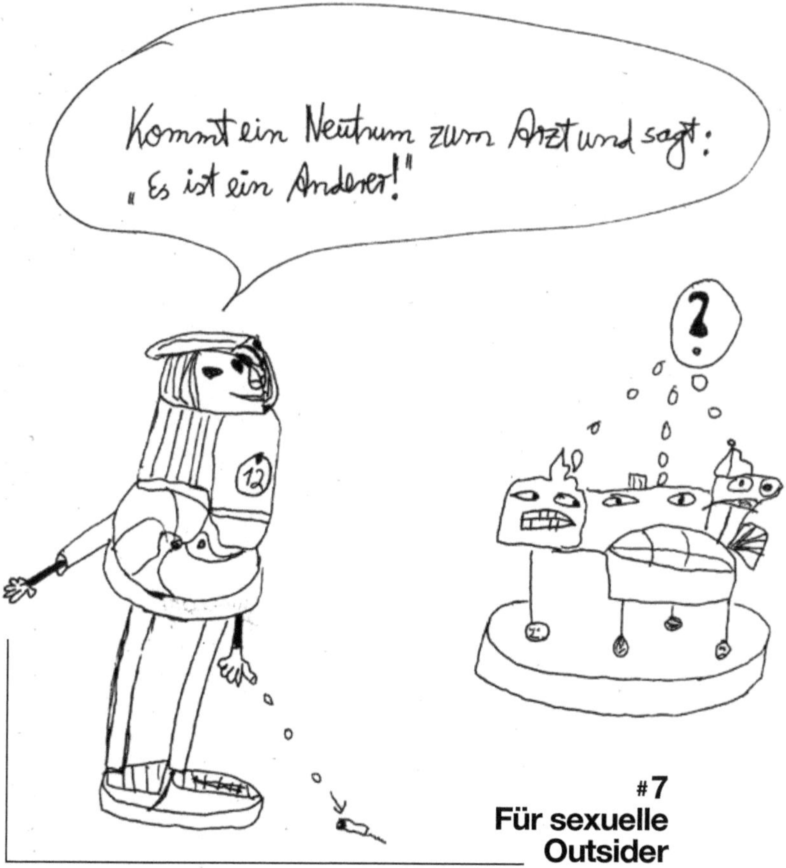

#7
Für sexuelle
Outsider

#8
Für fünfjährige Leicht-
matrosen, die den
Vormittag allein mit ihrer
Mutter verbringen

#9
**Für Erwachsene, die
„nur spielen wollen"**

#10
Für schüchterne
Zweifler

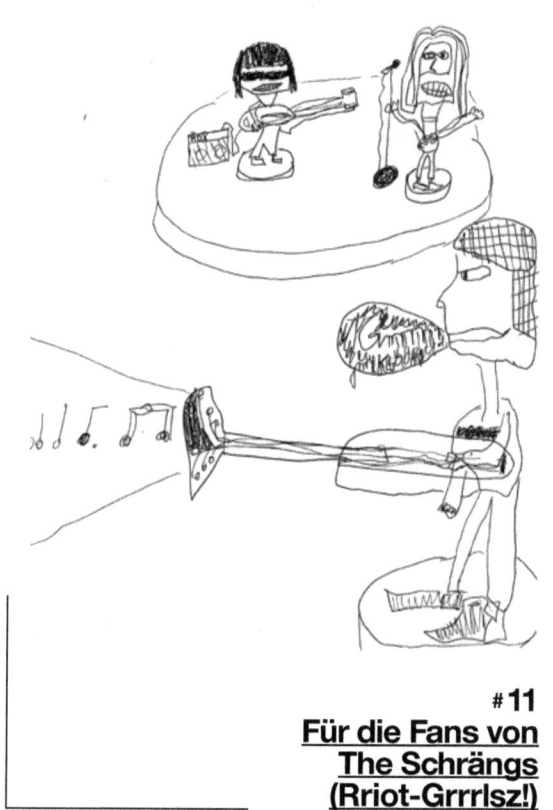

**#11
<u>Für die Fans von
The Schrängs
(Rriot-Grrrlsz!)</u>**

"Liebe ist nur ein Geheimnis zwischen Dir
und Deinem Herzen"

**#12
Für Poesiealben-
Rumreicher
(selbstklebend)**

**Für die Familien-
aufstellung einer
Tüte Treets**

#14
**Für ganz
junge Leute**

15
Für (beinahe)
durchsichtige
Stoiker auf
Partnersuche

#16
Für Unbekannte

#17
**Für depressive
Liebhaber**

»Du gehörst doch zur
Kategorie der Schlauchpilze!«

»Macht doch nichts!«

#18
Für Elitepartner

#19
Für Interview-Opfer

#20
Für Verstopfte
(und deren 45.
Stunde beim
Therapeuten)

#21
FürTheoretiker

„SIE HABEN SICH IM RAUM GEIRRT"

#22
Für Mitarbeiter
in Durchgangs-
zimmern

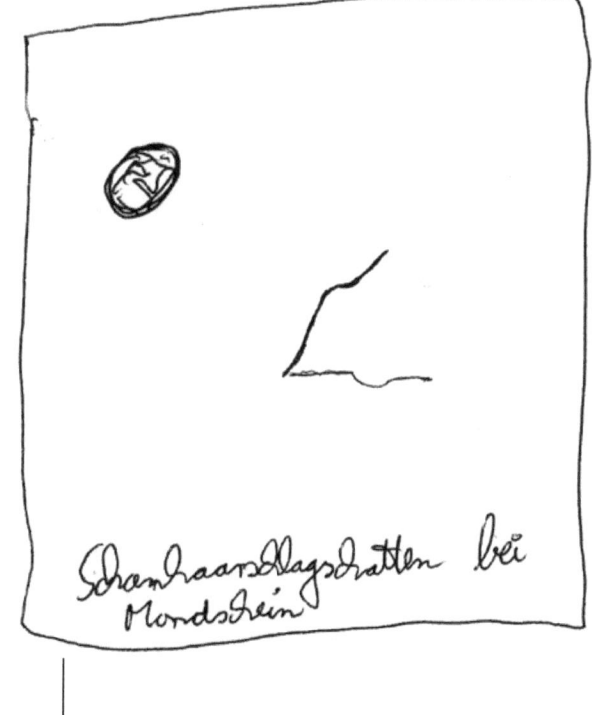

Schamhaarschlagschatten bei Mondschein

#24
Für Briefmarken-
sammler

**Für Wochenend-
beziehungsteilnehmer**

'Zum Glück gibt's Tödler'

#26
Für Ex-Buddhisten

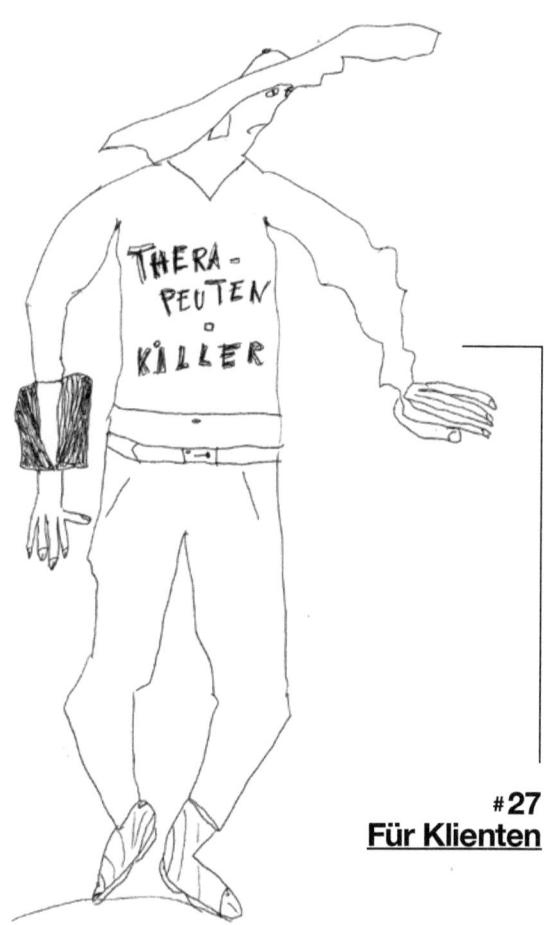

THERA-
PEUTEN
□
KILLER

#27
<u>Für Klienten</u>

#28
Für 16-Jährige

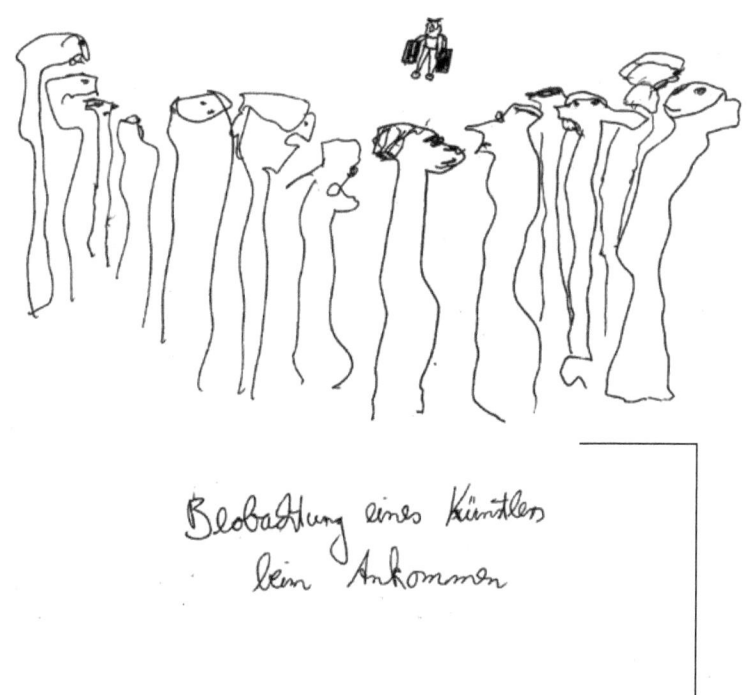

Beobachtung eines Künstlers
beim Ankommen

#29
**Für professionelle
Stipendiaten**

Sie hat zwei Kuhpocken, die ich nicht haben kann.

#30
Für Boobies

#32
Für Verwirrte

Popov and Olga

**Für Teilnehmer
an Querfeldein-
Sexparties**

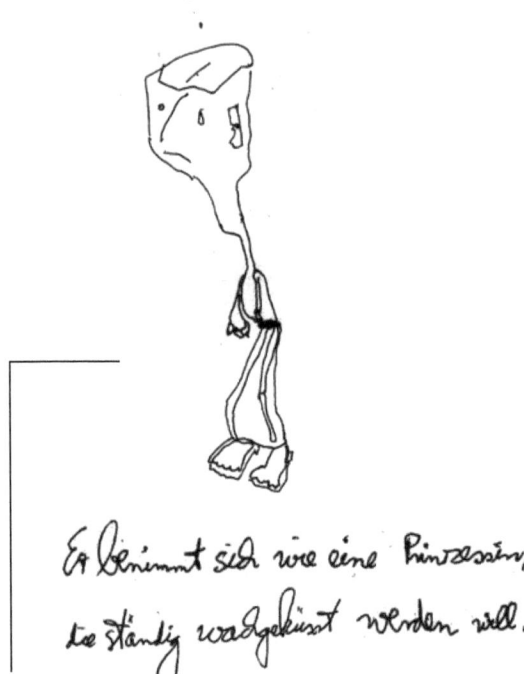

Er benimmt sich wie eine Prinzessin,
die ständig wachgeküsst werden will.

#34
Für Mimosen
(und solche, die es
werden wollen)

Einsam
aus Protest

#35
Für leise nörgelnde
Eremiten

#36
Für (Astronomen)
ehemalige (Astronauten)

#37
**Für Bernd aus
Billstedt (Ex-Rocker)**

#38
Für Prostituierte
(und deren Hand-
langer – inklusive
Einkaufsliste)

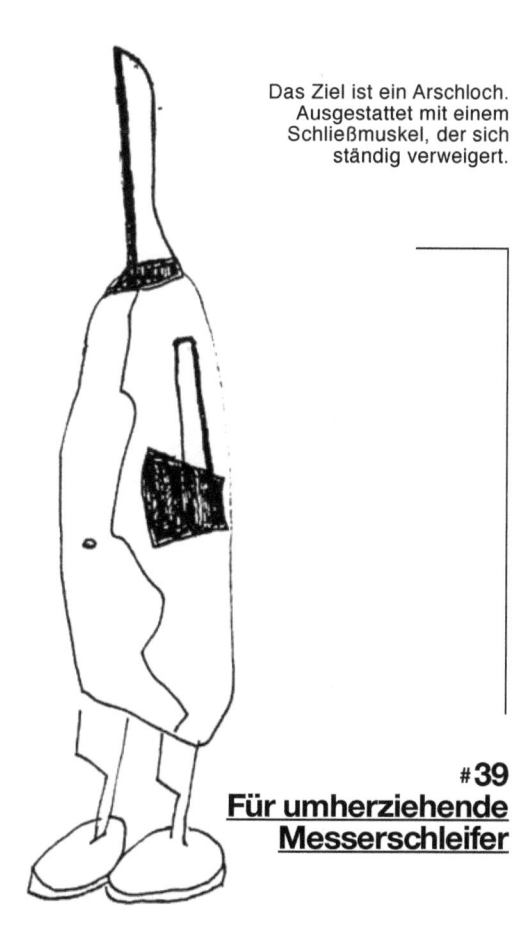

Das Ziel ist ein Arschloch.
Ausgestattet mit einem
Schließmuskel, der sich
ständig verweigert.

#39
Für umherziehende
Messerschleifer

#40
Für getrennt lebende
Alkoholikerpärchen

#41
Für coole siamesische
Zwillinge, die
auf Steaks stehen

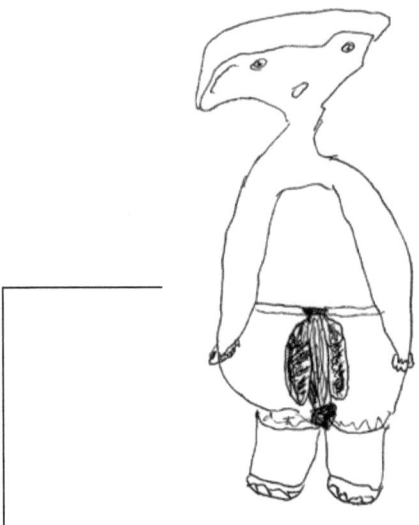

„JCH SUCHE NACH EINEM PLATZ, AN DEM
JCH MEINE EIER ABLEGEN KANN!"

#42
Für selbstfürsorgliche
autoerotische Angeber

Exemplarische
Eindeutigkeitsvermeidung
(zu eindeutig für
meinen Geschmack)

#43
Für zaghafte
Gemüter

Nach jeder Trennung kochte er die
Bademantelgürtel im Spaghettitopf
auf. Mit diesem Ritual reinigte er sich
für die nächste Beziehung, die in
denselben Mänteln stattfand.

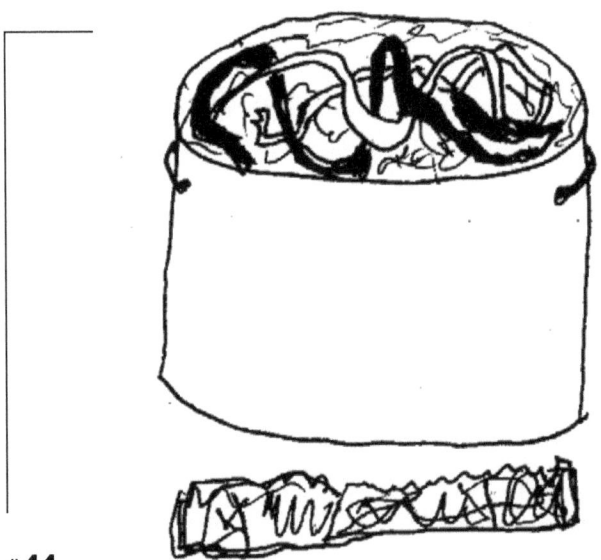

#**44**
FürTrennungs-
süchtige

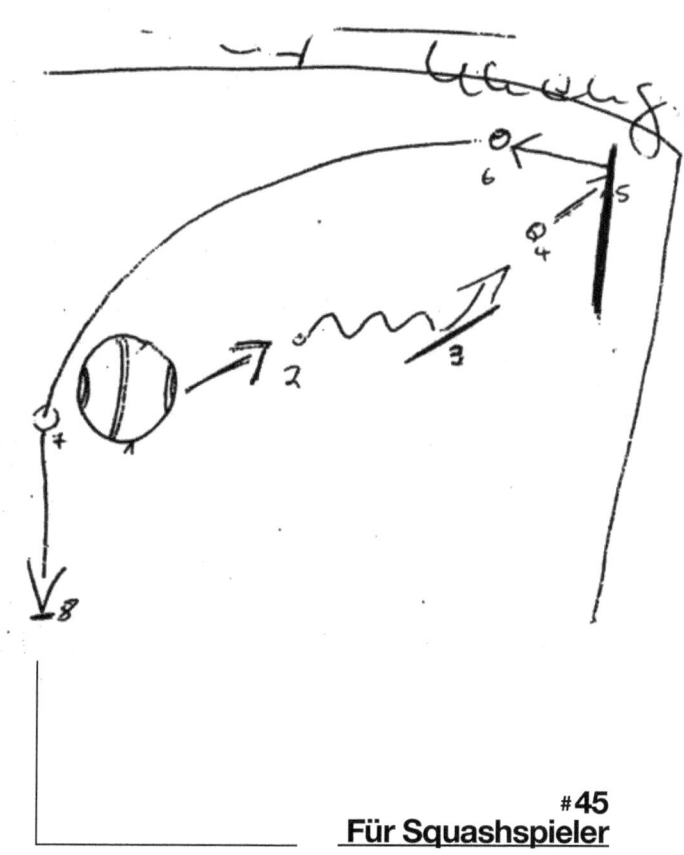

**#46
Für Anfänger
im Internet**

#47
Für Wortspieler

#48
Für Eierstock-Fans

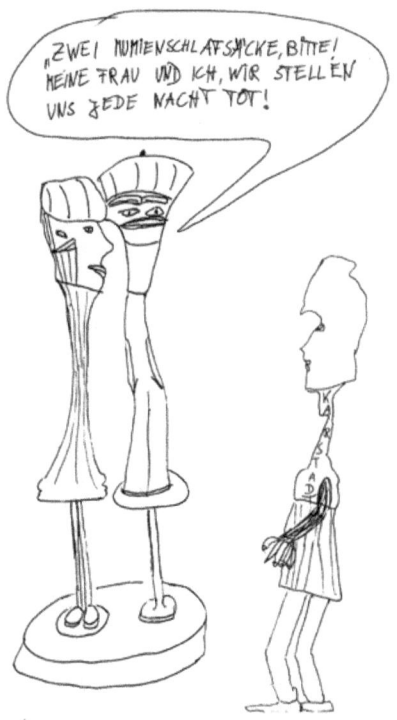

#49
Für Langzeit-
Eheleute

„Für eine gesunde Beziehung
ergibt sich ein Diagramm, das dem
Haus vom Nikolaus etwas
"ähnlich sieht" (Lehrbuch)

#50
Für Familien-
therapeuten

Elton John mit Lodz-Brille

#51
Für Polen

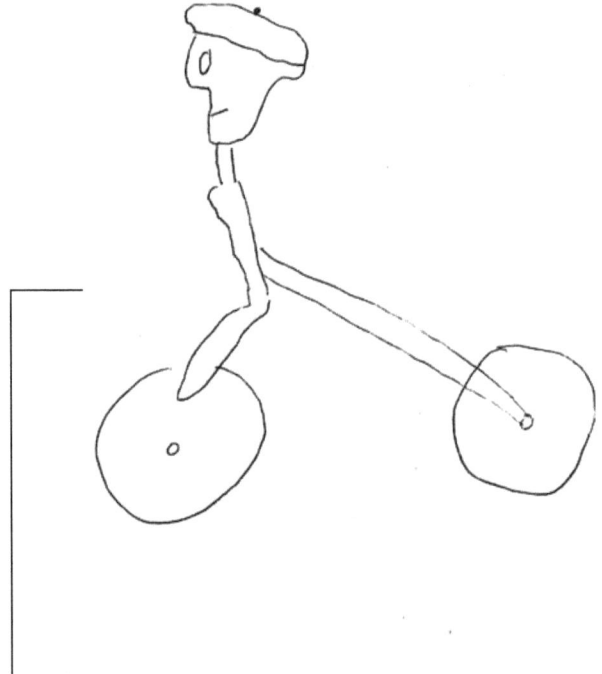

#52
Für Franzosen

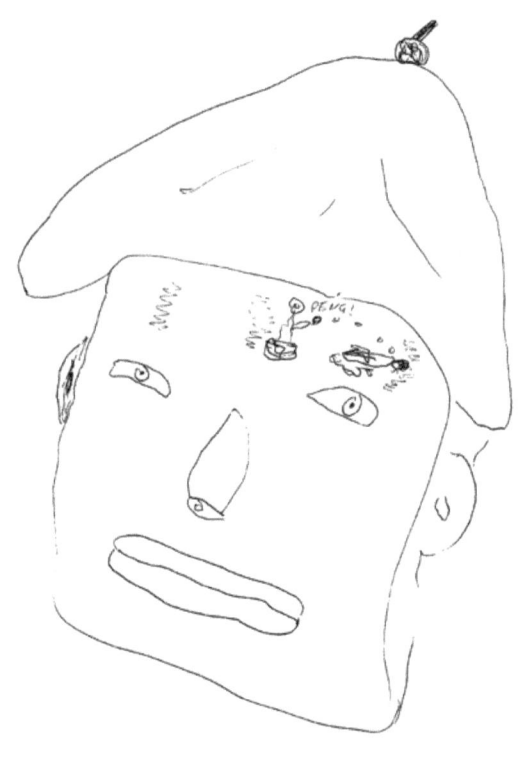

STIRN-TATTOO
(statt Falten)

#53
Für Senioren

**#54
Für Ladegerät-
Besitzer**

Die Herzen, die er malt,
sehn aus wie mit der
Handkante eingeschlagene
(Brokat-) Kissen

Karate für Softies

#55
Für zittrige
Kampfsportler

#56
Für Callcenter-
Opfer

a) Vorher

b) Nachher

**#57
Tattoo-Tattoo
(einfach drüberkleben)**

STIMMUNGSLEUCATE

#58
Für Blind Dates

Vater sagte immer:
Am Besten, Du machst erstmal
'ne Zeichnung

#59
<u>**Für Umständliche**</u>

Carsten Klook

Schriftsteller, Journalist, Musiker und Krakelzeichner, lebt in Hamburg.

www.carsten-klook.de

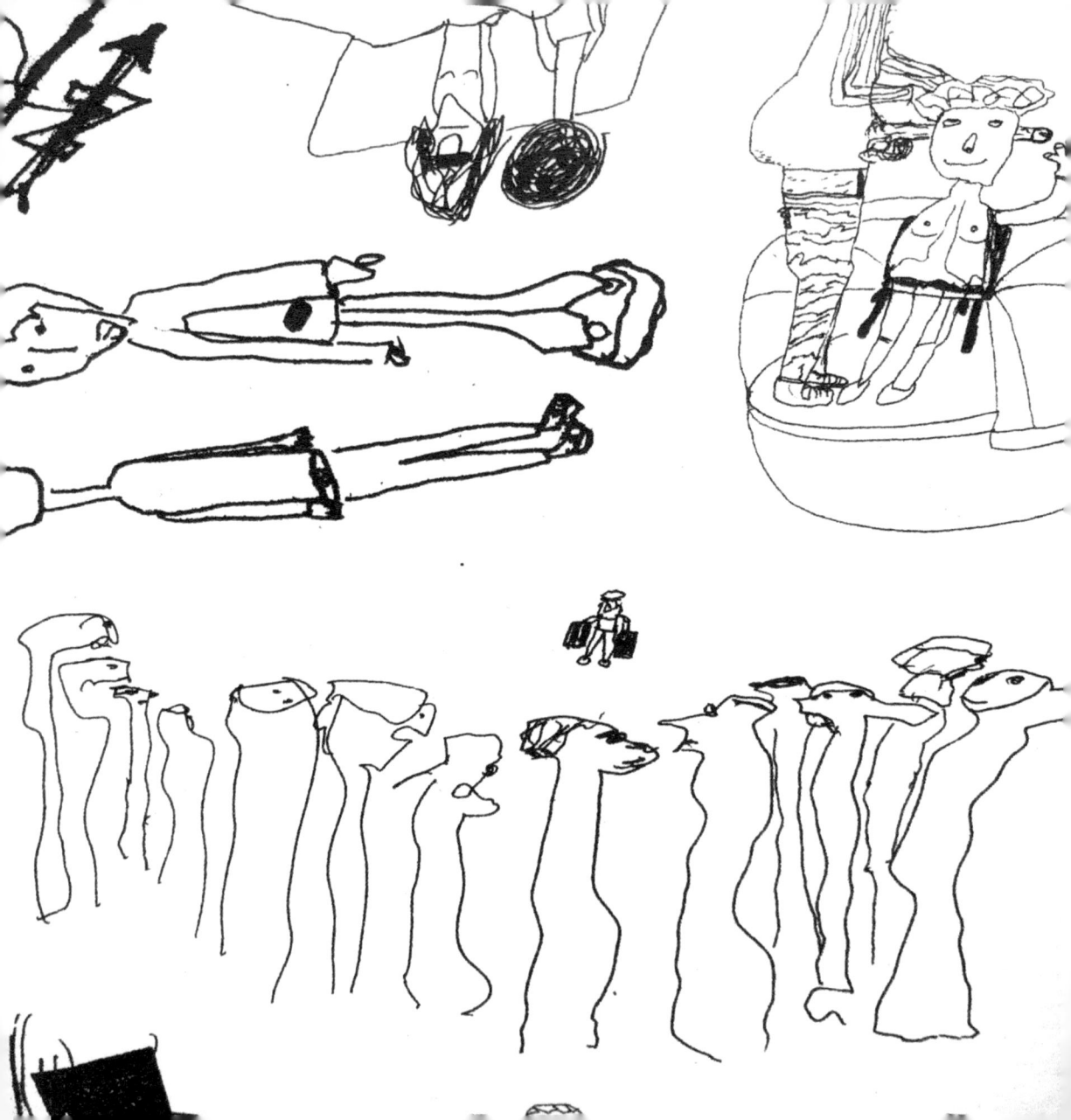